ESPRIT DES STATUTS

ET RÉGLEMENS

De l'Académie Royale de Peinture & de Sculpture, pour servir de réponse aux Détracteurs de son Régime.

TANT que l'Académie de Peinture & de Sculpture n'a été calomniée dans son régime, que par un très-petit nombre d'Artistes, qui n'en ont pas pénétré l'esprit, elle a dû gémir en silence sur l'égarement de quelques-uns de ses Enfans, dont les mots sacrés de *liberté* & *d'égalité* mal entendus par eux, ont offusqué la raison. Mais aujourd'hui que cette calomnie a circulé jusques parmi les Représentans de la Nation, & que l'un d'eux a, en quelque sorte, dans leur auguste Assemblée, dénoncé les Statuts de l'Académie de Peinture comme tyranniques & vexatoires, on croit devoir élever la voix pour elle, non pour la justifier, (elle n'en a pas besoin ; elle a suivi des loix, auxquelles elle a fait serment d'obéir) ; mais pour articuler la vérité, désabuser nos Législateurs, & démontrer la sagesse de ses réglemens & de son institution.

Ils seront bien surpris ceux qui soutiennent que les bases fondamentales de l'Académie de Peinture & de Sculpture reposent sur le despotisme, qu'elles sont contraires aux droits de l'Homme, à la liberté & à l'égalité des Citoyens, quand on leur prouvera que le régime, sous lequel, depuis plus de 140 ans, la France a vu fleurir les Arts dans son sein avec plus d'éclat, qu'en aucune contrée de l'Europe, est positivement le même, que va suivre la France entière, grace aux Decrets de l'Assemblée Nationale.

Tous les membres de l'Académie sont égaux *en droit*, c'est

A

par un mérite éprouvé, & à la pluralité des fuffrages, que l'on obtient *des grades* & *des fonctions* dans le Corps.

S'il eft quelques réglemens rigoureux, ils font refpectables même par leur févérité, puifqu'ils tendent tous au bon ordre ou à l'émulation. Non-feulement les élèves, joûtent entr'eux, pour obtenir des diftinctions, mais les Maîtres eux-mêmes font foumis à des concours pour avancer en grade. Voilà les épreuves falutaires à l'émulation & à l'épuration du talent, que quelques Académiciens, qui veulent en fecouer le joug, préfenteront comme oppofées à la liberté : ce font au contraire des Loix fages contre le relâchement, des Loix confervatrices des Arts, & qui foutiennent l'activité des Artiftes, comme les Decrets de l'augufte Affemblée, vont ranimer & faire éclore les talens & les vertus dans toutes les claffes des Citoyens.

Puifque c'eft de l'abus des mots *d'égalité* & de *liberté* qu'eft venu l'efpèce de diffention élevée entre les fimples Académiciens & les Dignitaires de cette Compagnie, qu'il nous foit permis d'en parler un moment.

La liberté n'eft pas la liberté de tout dire & de tout faire, comme le croit le Peuple mal inftruit. Là finit la liberté de chacun de nous, où commence la contrainte, la terreur, le péril & le dommage pour les autres. Alors la liberté devient licence, & la licence enfante tous les maux & tous les crimes de la terre. La liberté précieufe à laquelle nous devons veiller tous, même aux dépens de nos jours, comme au feu facré, gardé par les veftales, eft celle qui nous maintient dans la poffeffion de toutes nos jouiffances légitimes, fans crainte d'être troublés par des Hommes injuftes & puiffans.

Nous fommes égaux, & nous voulons l'être, s'écrient ceux qui, ne pouvant s'élever de leurs propres aîles, veulent remettre tous les Hommes fur la même ligne.

De combien de fléaux, les mal entendus de toute efpèce ont inondé cet aveugle univers ! faut-il que cette Loi divine de fraternité univerfelle, confacrée par nos Légiflateurs, foit fi mal interprêtée. Oui : tous les hommes font égaux ; mais *en droit.* Par là conquête de notre liberté, tous les François ont le droit d'af-pirer à tous les emplois par leur mérite. Tous ont un droit éga à la protection du Gouvernemeut, comme tous doivent, en proportion de leur fortune & fans exemption, contribuer aux charges de l'Etat, & à la profpérité de la chofe publique. Mais fi nous fommes tous égaux en droit, nous ne pouvons pas plus l'être en *grades* & en *fonctions*, que nous ne le fommes de force, de vifage, d'humeur, d'efprit, de talens & de vertus. Les Hommes raffemblés en peuple, ne font abfolument égaux entr'eux qu'à la naiffance & à la mort. Mais, dans le cours de leur vie, ils prennent leur place, ou on la leur donne. Hors de ces deux époques, l'égalité abfolue des hommes feroit deftructive de toute fociété. Quel fervice retireroit-on d'une Armée compofée de tous Fufiliers, ou de tous Capitaines? Dans l'une on fe battroit à qui commanderoit, & dans l'autre à qui n'obéiroit pas. Comment a-t-on pu fuppofer un moment, que cet abfurde fyftême d'égalité abfolue dans tous les points pût être entré dans les idées de l'Affemblée Nationale! elle qui a pofé les limites de tous les pouvoirs? a-t-elle dé-truit la Hiérarchie eccléfiaftique, les grades militaires? N'a-t-elle pas au contraire fixé des conditions pour être Electeur & Eligible? N'a-t-elle pas créé des degrés dans les Municipalités? donné des Privilèges & même des décorations aux Maires? fans doute il faut dans un Etat, pour y communiquer le feu électrique de l'émulation, des diftinctions & des rangs comme des prix propofés à la vertu & aux talens, & un empire fera monté à fon plus haut point de gloire, quand ce ne feront plus que les talens & les vertus, qui obtiendront les emplois & les diftinctions.

On s'étonnera fans doute que nous élevions nos regards fur de fi grands objets pour les ramener fur le régime d'une petite fociété d'Artiftes; c'eft que les nouveaux roüages de la vafte machine de l'Etat font abfolument les mêmes, que ceux qui, dès fa naiffance, font mouvoir notre Corps. Nous y jouiffons, comme tout Citoyen doit jouir dans l'Etat, d'une liberté qui connoît des bornes; & d'une égalité, qui n'exclut point les grades. Et pourtant on a porté la prévention ou la mauvaife foi jufqu'à foutenir que notre corporation étoit inconftitutionnelle, parce qu'elle bleffoit les droits de l'Homme. Quelle déclamation emphatique & dénuée de fens & de vérité! quelle feroit en effet une corporation, qui blefferoit les droits de l'Homme? Celle qui fe réferveroit le Privilège exclufif d'exercer tel ou tel Art. L'Académie de Peinture & de Sculpture ne défend point à ceux qui ne font pas de fes Membres de peindre & de fculpter; elle ne l'a jamais fait, & elle le feroit encore moins, depuis qu'en 1776 le Roi a rendu la liberté aux Arts, comme les prémices des droits qu'il a rendus à fon Peuple. L'inftitution de l'Académie eft fi oppofée au fyftême d'exclufion, qu'elle eft *illimitée*, & qu'avec une capacité reconnue fuffifante, Régnicoles & Etrangers, tous Artiftes, y font reçus. En quoi peut bleffer les droits de l'Homme & la liberté, une affociation où l'on fe préfente librement, & que l'on quitte, fi l'on veut, comme il en eft des exemples? c'eft en dire affez, ce nous femble, pour détruire des reproches fi mal fondés.

Mais pourquoi, dira-t-on, tous ces grades & ces diftinctions dans l'Académie de Peinture, lorfque toutes les Compagnies de même efpèce ne connoiffent de dignité & de fonction, que celle de Directeur & de Secrétaire.

Pour répandre de la lumière fur les détails, qui vont fuivre, il faut favoir d'abord que l'Académie de Peinture & de Sculpture ne reffemble en rien aux autres Académies, qui font des lieux de repos, où l'on eft appellé en quelque forte par le Public lui-même, après avoir donné des preuves répétées de mérite par des travaux connus. Ceux qui s'exercent aux joutes du théâtre, du barreau ou de la chaire, ou d'autre genre de littérature, arrivent à l'Académie françoife, précédés & défignés par une réputation dès long-tems acquife. Les portes de l'Académie des Infcriptions & Belles-Lettres s'ouvrent à ceux qui dans l'Hiftoire ont fait des découvertes appuyées fur des monumens de l'antiquité, ou qui fe font rendus favans dans la connoiffance des Langues anciennes ou étrangeres.

L'admiffion à celle des Sciences eft la récompenfe des Gens déjà fameux dans la Méchanique, la Phyfique, la Chymie, l'Aftronomie, ou autres fciences. Enfin l'incorporation à l'Académie d'Architecture ne s'accorde qu'à ceux qui ont élevé des monumens, ou fait des Traités favans fur cet Art. Ces Compagnies font, en un mot, des efpèces de Tribunaux, où l'on juge des queftions relatives à la pureté de la Langue françoife, à des époques de l'Hiftoire ancienne, à des fyftêmes différens fur les fciences, & à des demandes fur les édifices conftruits, à conftruire ou à réparer.

Une place dans ces Académies eft donc une couronne décernée à un homme déjà célèbre. L'adoption au contraire de l'Académie de Peinture fait entrer l'Artifte en réputation, & les victoires multipliées qu'il remporte au Sallon accroiffent fa renommée.

Loin d'être un lieu de repos, l'Académie de Peinture eft un Collège, en plein exercice, qui ne prend jamais de vacances, & dont l'émulation des Maîtres & des Elèves eft le principe de vie, & l'Ecole publique la bafe fondamentale.

C'eft du befoin reconnu d'une Ecole publique qu'eft née l'Académie : pour que cette Ecole fit profpérer les Arts, & fructifier toutes les branches d'induftrie fans nombre, qui tiennent au deffin, il falloit y enfeigner les bons principes, ils ne pouvoient l'être que par les plus habiles Gens. Ils fe raffemblerent d'eux-mêmes, & brifant le joug aviliffant de la Maîtrife, Lebrun, le Sueur, Bourdon, Sarrazin & les grands Artiftes du fiècle paffé ouvrirent une Ecole du modèle à leurs dépens, & à ceux même des Etudians. Louis XIV érigea en Académie cette affociation d'Artiftes dans l'Année 1648, mais il ne put alors doter cet établiffement : ce ne fut que quelques années après qu'il lui affigna un logement & une penfion de mille livres, pour le luminaire & les frais des modèles. Cette penfion a depuis monté jufqu'à quatre mille francs, avec lefquels on paya pour la première fois des honoraires aux quatre Recteurs, aux douze Profeffeurs, & au Secrétaire.

Dans ces commencemens beaucoup d'Artiftes médiocres vinrent fe joindre aux Hommes célèbres, dont nous venons de parler ; mais ceux-ci voulant purifier le corps Académique pour fa propre illuftration, & pour le progrès des Arts, obligerent tous ceux qui avoient déjà fiégé parmi eux, d'exécuter des morceaux de réception, & de prouver leur capacité, en dépofant de leurs ouvrages dans les Salles de l'Académie. Comme il falloit páffer par l'épreuve d'un fcrutin, & obtenir les *deux tiers* des voix pour l'acceptation des morceaux, beaucoup fe retirerent d'une lice fi périlleufe. Cette rigueur parut fans doute à ceux qu'elle effrayoit un acte de defpotifme, ce n'étoit qu'un préfervatif contre la dégradation de l'Art. C'eft peut-être ici le lieu de donner une idée précife du régime de l'Académie & de fes Ecoles, & ce n'eft qu'en le connoiffant, que l'on peut le juger.

L'Académie, quoique illimitée, n'excède guères le nombre de 120 à 130 Membres. Elle eft compofée de deux Claffes, de celle des Académiciens-Officiers ou Fonctionnaires bornée à environ 45, l'autre fans borne, eft formée de fimples Académiciens, ayant droit de monter en grade par Election.

Les Officiers font de deux fortes de Profeffeurs choifis parmi les Statuaires & les Peintres d'Hiftoire, & de Confeillers, lefquels font des Amateurs, des Artiftes diftingués dans les différens genres de Peinture, ou d'habiles Graveurs. Ces Officiers forment la Claffe délibérative & adminiftrative. Les Profeffeurs jouiffent dans le corps de la plus grande confidération. On ne les prend jamais que dans les Artiftes qui s'adonnent à l'Hiftoire, foit en Sculpture, foit en Peinture. Or il eft bon d'inftruire le Public, qui fait peu ces diftinctions, que l'Hiftoire renferme à elle feule tous les genres, & l'on va en deux mots en adminiftrer la preuve.

Suppofons le célèbre Lebrun, exécutant le tableau de Porus, amené prifonnier devant Alexandre. La fcène du tableau eft dans une plaine, il a par conféquent à peindre un lointain, un ciel, des monumens, des arbres, des plantes & des fleurs même s'il s'en trouve, des chevaux & des éléphans, enfin des hommes agités de fentimens divers, & couverts de toutes fortes

(7)

d'armures. Le voilà, tout-à-la-fois, Peintre d'histoire, de batailles, de paysages, d'animaux, d'architecture, & même de fleurs. On demande d'après cet exposé, si l'universalité des connoissances, si l'étendue du génie, que doit posséder un Peintre d'histoire, ne le met pas naturellement au-dessus d'un Artiste, qui excelle dans un genre borné, auquel il s'applique uniquement. Un Peintre en nature morte, c'est-à-dire, d'objets immobiles & sans vie, quelque mérite qu'il ait, peut-il dire, je suis l'égal de Lebrun, puisque je suis de la même Académie? Pourroit-il soutenir qu'il remplira, comme lui, une place de Professeur à l'Ecole du modèle? L'illustre Vernet disoit, *il faut en savoir bien plus pour peindre l'histoire que les marines. Je crois, puisque le Public le veut, que je vaux mieux que certain Peintre d'histoire, du second & du troisième ordre. Mais il vaut mieux que moi pour tenir les Ecoles.* Propos digne d'un Artiste d'un vrai mérite, & qui connoît toute l'étendue de l'art & ses immenses difficultés.

Au reste, la justice rendue à Vernet, est celle que nous aimons à rendre à tous les Peintres de genre, qui n'ont jamais disputé le pas à ceux de l'histoire, & qui conviennent que c'est à elle seule qu'appartient l'enseignement des Ecoles. La distinction que nous venons de faire, n'est que pour informer le Public, que les Artistes Historiens sont les colonnes de notre Académie. On sent bien que ces Artistes en Histoire n'y sont pas tous de même force; les différens genres qu'elle renferme ne sont pas même égaux entr'eux. Après l'Histoire, il est des genres qui exigent plus de savoir les uns que les autres, tel que le portrait en grand, qui avoisine l'histoire, ou qui, pour mieux dire, en est un démembrement. S'il est des degrés, l'égalité n'est donc pas parfaite.

Comme nous avons dit que l'Ecole étoit la base de l'Académie & l'émulation le *Palladium* contre la ruine de l'Art, pour le prouver, nous allons faire passer l'Artiste depuis ses études aux écoles jusqu'à son entrée à l'Académie, & de son entrée aux grades dans le Corps. Ce tableau explicatif vaudra mieux que tous les raisonnemens.

Marche de l'Elève dans les Ecoles, & du Maître dans l'Académie.

Tous les jours de l'année, excepté les Dimanches & Fêtes, un modèle nud, mis en attitude par le Profeſſeur en mois, tient cette attitude pendant deux heures. Ce modèle, ſelon les ombres & les clairs, offre des aſpects plus ou moins intéreſſans; & invite de le ſaiſir plutôt d'un côté que d'un autre. Eh-bien! on a fait du droit de choiſir les places les plus avantageuſes; un motif d'émulation parmi les Etudians. On les fait, deux fois par an, concourir pour obtenir ce droit. Ceux qui ont exécuté, à l'Ecole, les meilleurs deſſins ou bas-reliefs, ſont appellés à leur rang de mérite, & choiſiſſent les premiers les bonnes places, les derniers appellés n'ont que les places de rebut.

A cette première lutte, entre les Elèves, on en ajoute une autre. On adjuge, tous les trois mois, des médailles aux Etudians Peintres & Sculpteurs, qui ont fait les meilleures figures. Ceux qui ont obtenu l'une des médailles, c'eſt-à-dire; la première, la ſeconde, ou la troiſième, ne concourent plus aux places. La claſſe des Médailliſtes entre, avant le peuple des étudians, par une porte d'honneur, dite des médailles.

Mais, pour ne point décourager les ſimples Etudians, ni occaſionner de tiédeur parmi les Médailliſtes, tous les Elèves, indiſtinctement, ſont appellés au concours annuel du grand prix. Ils ne ſont admis à concourir qu'après pluſieurs épreuves de leur capacité. Ces prix, dont un premier & un ſecond dans la Peinture & dans la Sculpture conſiſtent en médailles d'or. Ceux qui ont remporté les premiers prix ſont d'ordinaire envoyés à l'Ecole Académique de Rome par le Roi; ils y ſont nourris & penſionnés par Sa Majeſté, pendant pluſieurs années. C'eſt-là qu'ils ſe perfectionnent, & qu'ils s'efforcent à mériter de s'aſſeoir à l'Académie à côté de leurs Maîtres.

Lorſqu'à leur retour, les Elèves, Penſionnaires du Roi, rapportent de bons ouvrages, & qu'on leur en a vû faire de nouveaux à Paris; appuiés d'un Préſentateur, qui eſt ordinairement leur Maître, lequel répond de leurs bonnes mœurs, ils ſont

apporter

apporter plusieurs Ouvrages à l'Assemblée de l'Académie. On va aux voix, & les *deux tiers*, comme nous l'avons dit, leur valent le titre d'*Agréés*. La Loi ne leur accorde que pendant trois ans ce titre, c'est-à-dire, l'avantage de se dire Peintre & Sculpteur du Roi, & d'exposer leurs productions au Sallon : passé ce terme, ils en sont déchus par leur négligence à s'occuper de leur morceau de réception, pendant les trois ans qui leur sont accordés pour cela.

Malgré le despotisme, dont les méchans accusent faussement les Officiers, la Loi ne s'observe pas par eux à la rigueur, puisqu'il est plusieurs de ces Agréés qui, depuis plus de 38 ans, négligent d'exécuter leurs morceaux de réception. La tolérance de l'Académie, & la négligence des Agréés à cet égard est si grande, que de ces Agréés, qui sont au nombre de 44, il y en a tout au plus sept qui soient en droit, aux termes de la Loi, de se vanter de tenir encore à l'Académie.

Lorsque ces Agréés présentent des morceaux trop foibles pour obtenir les suffrages suffisans, ils perdent tout, & sont obligés de présenter de nouveaux Ouvrages, pour être réintégrés dans cette classe d'Expectans à l'Académie.

Cette Loi, qu'on peut dire rigoureuse, quoique préservative du relâchement, est une de celle, à laquelle les Officiers, *de leur propre gré*, que l'on dépeint comme des despotes, demandent quelques adoucissemens, parce qu'ils pensent qu'un habile homme peut, dans un morceau, se montrer inférieur à lui-même, & qu'il est cruel, pour un moment de foiblesse, de le dépouiller de tout. Or voilà la conduite de ces Tyrans, que quelques Agréés, (car c'est le très-petit nombre,) osent calomnier publiquement. Mais nous reviendrons sur cet objet dans un autre lieu, poursuivons notre marche.

Lorsque les Artistes agréés présentent des morceaux de réception, qui obtiennent la faveur du scrutin, ils sont reçus Académiciens, prêtent serment d'observer les Statuts, & *de maintenir dans le Corps l'union & la paix*, & ils prennent séance.

B

Il leur refte encore des vœux à faire, ils ont des grades à acquérir. Comme fimples Académiciens, ils n'ont que la voix confultative, & ne l'ont délibérative que pour des grands prix, ou autres prix fondés par des Particuliers. Le defir d'avoir la voix délibérative dans tous les cas les encourage à fe foutenir dans leur talent, pour entrer dans la claffe des Officiers, foit comme enfeignans aux Ecoles, foit comme Confeillers. Enfin la voix délibérative dans tous les cas eft pour nous la Croix de Saint-Louis. Que diroit-on, fi on la donnoit à un Sous-Lieutenant en entrant dans un Régiment. Ce Sous-Lieutenant peut fans doute avoir autant de valeur & de fcience, même dans l'art de la tactique, que fon Colonel; mais on exige, avec raifon, des preuves réitérées de fon favoir & de fon courage, & quand il eft fait pour arriver à tout, & qu'il a un efprit d'ordre & de juftice, il voit, fans impatience & fans murmure, lorfqu'il fe couvre de lauriers, fes anciens décorés fe repofer fur les leurs, & jouir d'une confidération dûe à leur fervice, à leur expérience & à leur âge. Ces diftinctions font au contraire pour lui une perfpective agréable & confolante. Il fe dit à lui-même, quand j'aurai perdu ma jeuneffe & mes forces, l'eftime & la confidération m'attendent au bout de ma carrière. Tel eft, tel a été de tout tems notre régime, tel il doit être toujours. Les Elèves dans nos Ecoles, les Maîtres dans l'Académie, doivent fans ceffe afpirer à monter, les uns en obtenant des prix, & les autres des grades; fi l'on s'écarte de ce principe effentiel d'émulation, notre Corps tombera dans l'inertie & le fommeil.

Non-feulement, comme nous le difons, pour l'émulation, il y auroit de grands inconvéniens à tout accorder aux nouveaux venus, mais même cette précipitation pourroit amener des repentirs. Combien en a-t-on vu briller pendant quelques années, comme des météores, & difparoître pour jamais? Il faut donc prendre confeil du tems, pour appeller les Modernes à l'adminiftration. D'ailleurs tel illuftre fon corps par de grands talens, à qui il manque celui de le gouverner.

Autre danger; dans la chaleur de l'âge, & fur-tout dans la jeuneffe des Artiftes, dont les paffions font ordinairement vives, on eft fujet aux préventions pour & contre. Un Jeune-homme devenu tout-à-coup le Juge de fon compagnon d'étude, peut écouter les infinuations de l'amitié, ou des petites haines.

Enfin, dans tous les tems, nous avons vécu à l'Académie, au moyen de l'Ecole publique, non fous un régime defpotique, mais paternel, qui n'exifte pas dans les autres Académies, où lorfqu'on y entre, on n'y vôt que des égaux & des amis, tandis que dans la nôtre, nous avons pour confrères les Maîtres, fous la difcipline defquels nous avons étudié. L'éducation pour l'art que nous recevons de nos Anciens, nous infpire pour eux du refpeçt & de la reconnoiffance, comme les Anciens font attachés aux Modernes, parce qu'ils regardent leur talent comme le fruit de leurs leçons.

Ne pourroit-on pas perdre à changer un fi bel ordre de chofes? Ceux qui s'en plaignent, font des fils ingrats, qui veulent fe mettre à la place de leurs Peres, qu'ils déclarent incapables de remplir leurs emplois, comme fi l'expérience de nos fautes même ne nous affermiffoit pas dans nos principes; comme fi ceux à qui l'âge a ôté l'exécution, n'avoient pas la faculté de donner d'excellentes leçons à la jeuneffe, à qui d'ailleurs ils en impofent par leur âge; comme fi l'âge même détruifoit tout-à-fait le talent. Oublient-ils, ces ingrats, que Lebrun a fait les batailles d'Alexandre à 60 ans; & que le Directeur actuel de l'Académie fait encore, à 74 ans, des ouvrages, où les jeunes peuvent puifer des leçons. Ces jeunes, quand la vieilleffe viendra les affaillir, trouveroient-ils bon qu'on leur ôtât les logemens & les graces dont ils jouiffent pour les donner à d'autres.

Si leurs talens font tranfcendans, qu'ils enfantent de nouveaux chefs-d'œuvre, qu'ils brillent avec plus d'éclat encore dans les expofitions publiques, nous faifons des vœux pour leur gloire. Qu'ils forment d'excellens Eleves, qu'ils acquerrent de la célébrité & des richeffes, perfonne ne leur en interdit les moyens; car qu'importe au Public, que leur importe à eux-mêmes d'être Gradués dans le Corps? Le plus beau grade eſt le talent. Qu'ils le mettent à profit tandis qu'il eſt dans toute ſa force. Leur tems ſera mieux employé qu'à mordre le ſein de leur mere, qu'à vouloir, ſous le faux prétexte de la liberté, mais, par un eſprit de domination, élever autel contre autel.

Mais puiſſent-ils, ramenés à des idées plus ſaines & plus fraternelles, attendre, ſans marquer d'impatience, que les places d'honneur ſoient vacantes! ils y ſeront ſûrement appellés, car il n'eſt jamais arrivé qu'un Artiſte d'un vrai mérite, ne ſoit point entré dans la claſſe adminiſtrative & délibérative des Officiers.

Nous avons promis plus haut de donner la raiſon du grand nombre des Officiers & d'une claſſe adminiſtrrtive. Elle eſt ſimple, ce ſont les beſoins de ſes Ecoles & la quantité de ſes Membres; puiſque le Corps eſt illimité, il eſt nombreux, & dès-lors il a beſoin d'une adminiſtration pour le régir. Tous ſes Membres ne pourroient pas être tous Adminiſtrateurs, le trop grand nombre d'Adminiſtrateurs embarraſſe & ralentit l'adminiſtration. L'Aſſemblée Nationale a reconnu ce principe dans l'organiſation des Municipalités, puiſqu'elle a rendu la claſſe adminiſtrative & délibérative, bien moins nombreuſe que celle conſultative. Elle n'a créé que ſeize Adminiſtrateurs & le Maire pour toute la Capitale. En fait de Corps politique, plus la maſſe eſt grande, moins il faut de moteurs pour éviter la confuſion.

De peur de trop étendre l'analyſe du régime de l'Académie, nous renvoyons à la lecture des Statuts, c'eſt-là que des eſprits calmes & non prévenus verront par-tout, à quelques changemens près - qu'amènent les circonſtances, des règles ſages de diſcipline & des précautions pour prévenir le relâchement, & pour entretenir le zèle & le travail.

Mais, avant de finir, pour diſculper les Officiers de l'Académie de l'accuſation de tyrannie envers les Académiciens leurs Confreres, nous allons expoſer les faits, qui ont été dénaturés dans un écrit intitulé: *Mémoire ſur l'Académie Royale de Peinture & de Sculpture, par quelques-uns de fes Membres.* Plufieurs Journaux mal informés, ont été l'écho des mal intentionnés, les Auteurs de ces papiers périodiques feront convaincus qu'ils ont été trompés.

Expofé fuccint de la conduite des Officiers envers les Académiciens, appuyé de pièces juftificatives.

L'attaque dirigée contre les Officiers de l'Académie par quelques Académiciens (car nous rappellons toujours que c'eft le plus petit nombre) commença par un lettre adreffée à M. Vien, Directeur de l'Académie & premier Peintre du Roi ; mais qui étoit imprimée avant qu'il en eut connoiffance. Elle étoit remplie de déclamations & de faits mal pofés, parce qu'en effet l'Auteur étoit mal inftruit. Il croyoit que toutes les graces émanoient des Officiers, & qu'elles étoient diftribuées entr'eux feuls. Ils n'en ont jamais été les difpenfateurs, & elles fe répandent indiftinctement fur les Officiers, les Académiciens & même les Agréés, quoiqu'ils ne foient pas partie intégrante de l'Académie. Mais, comme l'Auteur de ce Mémoire en a témoigné fes regrets, & que la claffe adminiftrative des Officiers a paffé l'éponge fur tout, il ne feroit pas convenable de retracer ce qu'elle a voulu qui fut effacé.

Quoiqu'il en foit, cette lettre eft devenue l'étincelle d'un feu, qui a éclaté peu de tems après. Quelques Académiciens, qui crurent, ou à qui on fit croire qu'ils étoient humiliés par les Statuts donnés par le Roi, notre Fondateur, notre Protecteur immédiat, & notre Bienfaiteur infatigable dans toutes les différentes époques de notre talent, quelques Académiciens, difons-nous, laffés des Statuts, qu'ils ont fait ferment d'obferver lors de leur réception, fe font affemblés au nombre de vingt-trois à l'infçu du Corps, & ont apporté à l'Affemblée du 5 Décembre 1789, un Mémoire en forme de délibération faite entr'eux, à l'effet de demander la révifion des Statuts, & la réforme des abus, *s'il y en a.*

L'Académie, par amour pour la paix, malgré la minorité bien décidée dans la claffe des Académiciens, de *vingt-trois* fur environ *foixante-douze*, a fait fur-le-champ l'arrêté fuivant.

Extrait des Regiſtres, du 5 Décembre 1789.

« La claſſe de MM. les Académiciens ayant demandé, par un
» Mémoire à l'Aſſemblée, la réviſion des Statuts, & la réforme
» des abus, *s'il y en a*, l'Académie, qui, dans une Séance précé-
» dente a ſuſpendu juſqu'à nouvel examen, un Statut rigoureux,
» a vu avec plaiſir que MM. les Académiciens veuillent bien l'aider
» dans ce travail important. Elle les a invités en conſéquence
» d'apporter des Mémoires motivés ſur cet objet, & de les remettre
» dans les mains de M. le Directeur. MM. les Officiers ſe propoſant
» auſſi de travailler ſur cette matière, feront auſſi la remiſe de
» leurs obſervations à M. le Directeur, qui deſirant l'union entre
» Artiſtes, dont le ſentiment le plus vif eſt de ſoutenir la gloire
» de l'Ecole Françoiſe, convoquera alors une Aſſemblée générale,
» dans laquelle on trouvera les moyens de concilier les eſprits &
» de faire régner dans la Compagnie une concorde fraternelle. Le
» tout ſera communiqué à M. le Directeur-général, pour être mis
» ſous les yeux du Roi. »

Les Réclamans applaudirent à cette délibération. Ils tinrent
enſuite des conférences multipliées dans l'Académie pour fixer les
points capitaux de leurs demandes. On attendoit de leur part des
Mémoires motivés, quand l'un d'eux, le 30 Janvier de cette année,
lut, en leur nom, des obſervations & les remit ſur le Bureau.
Les Officiers n'y virent qu'une répétition de leur première demande
de réviſion, & une irréſolution marquée à donner des Mémoires.
Les Officiers, à l'Aſſemblée du 6 Février, les invitèrent à ſe con-
former aux vues d'une délibération applaudie par eux-mêmes.

Pendant l'eſpace de la première à la dernière Aſſemblée de
Février, ceux des Académiciens mécontens, qui ont toujours
été le petit nombre, ſe préſentèrent à la Commune de Paris,
mais accompagnés de quelques Agréés, *qu'ils avoient auparavant*
écartés de leurs conférences tenues à l'Académie (les Agréés ſont des
aſpirans à l'Académie, mais qui n'en ſont pas, puiſqu'ils n'en ſont
pas reçus, qu'ils n'y ont pas ſéance, & qu'ils peuvent en être
refuſés,) après leur apparition à la Commune, ils publièrent dans

les Journaux des reproches mal fondés contre les Officiers, qui gardèrent le plus profond silence.

Tandis qu'ils se préparoient à faire la guerre aux Officiers pacifiques, le Directeur, M. Vien, aussi recommandable par ses talens, que par sa probité & la douceur de ses mœurs, s'occupoit des moyens de les vaincre par l'honnêteté des procédés, & ils ne furent pas peu surpris, quand, le 27 Février, il ouvrit la séance par ces mots :

Extrait du 27 Février.

Je m'étois flatté, MM. les Académiciens, que les Séances réitérées que vous avez tenues ici, vous mettroient à même de nous faire part de la disposition de vos demandes, par un Mémoire signé, comme nous en étions convenus, & comme il est juste, parce que c'est à ceux qui se plaignent de s'expliquer. Mais les choses n'étant pas jusqu'ici, comme je l'aurois desiré, voilà Messieurs, ce que je propose, & j'espere que MM les Officiers, nos Confreres, portés ainsi que moi pour la paix, qui doit régner parmi des Artistes faits pour s'aimer & s'estimer, ne me désapprouveront pas. Je propose de nommer des Commissaires dans les deux Classes, en nombre égal. Mais comme les Commissaires ne font que des Mandataires, qui ne peuvent agir sans mandats, MM. les Officiers & Académiciens qui ont des vœux à former, enverront leurs cahiers cachetés à l'un des Membres de leur Classe, ou à moi, s'il le jugent à propos.

La proposition du Directeur calma tout, & l'Assemblée du 6 Mars fut convoquée généralement pour élire des Commissaires de part & d'autre.

Le 6 Mars, en effet, on alloit procéder à ces nominations, quand M. David, Artiste d'un grand mérite, mais égaré sans doute par des esprits turbulens, & qui s'étoit déjà déclaré hautement chef des mécontens, annonça une députation imprévue des Agréés, ayant M. Robin à leur tête. (*Voyez à la fin.*) M. Robin voulut prouver que les Agréés, sans être reçus, sans avoir séance, & dans l'incertitude d'être reçus, avoit le droit de nommer des Commissaires de leur côté. On l'invita de remettre son Mémoire, il s'y refusa, sous prétexte qu'il étoit mal écrit. En conséquence, on ne statua rien sur cet objet.

Mais la demande des Agréés ayant fait élever des doutes sur la question de savoir, si l'on suspendroit, ou si l'on procéderoit à la nomination des Commissaires dans le jour même, & ces doutes s'étant élevés dans la seule Classe des Académiciens, les Officiers inviterent MM. les Académiciens à aller seuls au scrutin. Il fut décidé à la majorité de 32 sur 10, que l'on nommeroit sur-le-champ des Commissaires.

En conséquence six Commissaires furent nommés de part & d'autre, à la pluralité des suffrages. M. David, qui fut nommé Commissaire, & qui avoit voté pour les élections ; déclara seul qu'il protestoit & se retira.

A la séance suivante, du 27 Mars, il fut lu un Mémoire de quelques Agréés, qui n'étoit point le discours prononcé par M. Robin, mais qui annonçoit les mêmes prétentions. Après la lecture, MM. les Académiciens, que M. Robin assuroit être tous du même avis, demanderent d'aller aux voix : ils y allèrent, sans le concours des Officiers, M. Robin & les Agréés de son parti eurent six voix en leur faveur, & 23 contr'eux.

On lut ensuite une protestation signifiée par Huissier à l'Académie, en la personne de M. Vien, Directeur, non de la part des Académiciens, ni des Agréés, mais de cinq Académiciens, dont M. David est à la tête, comme Président, & de l'autre huit Agréés conduit par M. Robin, & dont quelques-uns se sont désistés depuis.

Il ne reste donc plus du parti de M. David, que ce petit nombre pour combattre environ cent Artistes qui se réunissent pour projetter des Statuts d'une manière plus agréable à tous, sans perdre de vue l'émulation, ce pivot de l'Art & de ses progrès.

Le travail des douze Commissaires est fini ; il s'est fait avec beaucoup de concorde, il a été lu & applaudi à l'Assemblée générale du 5 Juin dernier, & chaque article va être mis à la discussion &

sans

ſans préjudice des Statuts actuels, les Officiers & Académiciens voteront indiſtinctement & conjointement?

Apperçoit-on, dans la conduite des Officiers envers leurs Con-freres, rien d'hoſtile & de tyrannique?

Loin que les Académiciens-Officiers & les ſimples Académiciens ſoient déſunis, il y a lieu de croire que l'amour de l'Art, du bon ordre, & le deſir de conſerver l'Emulation, préſideront à la rédac-tion du nouveau Plan de Statuts.

NOTE SUR LES AGRÉÉS.

C'EST ENVAIN que les Agréés prétendent former une troiſième Claſſe dans l'Académie. Leur état eſt purement précaire, puiſqu'ils peuvent le perdre d'un jour à l'autre, par incapacité; & la loi même qui leur a accordé des avantages, les retire au bout de trois ans, s'ils ont négligé l'exécution de leur morceau de réception. Rien pour eux n'a le caractère d'un droit conſtant. Tout à leur égard eſt de grace & de condeſcendance; ſi on leur a permis d'expoſer leurs œuvres au Sallon, c'eſt dans le louable deſſein de faire connoître leurs talens au Public, s'ils étoient ci-devant impoſés à la Capitation avec le Corps, c'étoit pour leur en alléger le poids. Ils ne ſont point dénommés dans l'Almanach Royal, comme faiſant partie du Corps, c'eſt une Claſſe d'expectans. Elle n'a eu une forte d'exiſtence & ne s'eſt accrûe que par les circonſtances, & par la bienveillance naturelle de l'Académie pour tout Artiſte qui donne des preuves de talent.

Qu'il ſoit permis, en deux mots, de remonter à l'origine. Ceux qui connoiſſent l'Hiſtoire de l'établiſſement de l'Aca démie, ſavent combien elle a été tourmentée à ſa naiſſance, & plus de cent ans après par la Maîtriſe de Saint-Luc. A peine un Artiſte arrivoit-il de Rome, que les Maîtres Peintres couroient chez lui eſcortés d'un Commiſſaire & de ſes ſuppôts. Alors ces Artiſtes, preſque tous Elèves de l'Académie ſe réfugioient vers elle. Ils apportoient de leurs Ouvrages, ſi on étoit content, on leur ordonnoit des mor-

C

céaux de réception. Les Maîtres Peintres indignés de ce que ces Artistes leur échappassent, alloient jusqu'à signifier à l'Académie, que passé tel temps, ils resaisiroient ses Elèves. L'Académie, pour imposer silence à leurs persécuteurs, couvrit ses Elèves de ses ailes & leur permit de se dire Peintres & Sculpteurs du Roi provisoirement, malgré les Saturs, qui disent expressément, que nul ne prendra ce titre qu'il ne soit admis dans la Compagnie, & que nul n'est censé du Corps, qu'il n'ait ses Lettres de provisions, qui ne lui seront délivrées qu'après qu'il aura donné son morceau de réception.

Cette condescendance a produit un grand abus, le plus dangereux de tous, le sommeil de l'émulation. Que se sont dit alors à eux-mêmes les Agréés : on nous permet de nous dire Peintres & Sculpteurs du Roi, nous exposons nos Ouvrages au Sallon, & qu'aurons-nous de plus étant de l'Académie ? très-peu de chose. Nous nous épargnons d'ailleurs la fatigue & les frais d'un morceau de réception & l'inquiétude de son succès ; & là-dessus ils se sont endormis. Ce fait incontestable prouve bien d'une manière invincible, qu'il faut se garder, dans une Compagnie active comme la nôtre, d'accorder trop aux nouveaux venus. Le même sommeil prendroit aux Académiciens, si d'entrée de jeu ils jouissoient de la voix délibérative dans tous les cas.

Puisque le Roi, en 1776, a, comme nous l'avons dit, rendu la liberté aux Arts, il ne semble plus y avoir de raison pour laisser subsister désormais la classe somnifère des Agréés,

Signé, R E N O U, *Peintre du Roi & Secrétaire perpétuel de son Académie de Peinture & de Sculpture.*

V.e Hérissant, Imprimeur des Bâtimens du ROI, & de l'Académie Royale de Peinture & de Sculpture. 11 Septembre 1790.

www.ingramcontent.com/pod-product-compliance
Lightning Source LLC
Chambersburg PA
CBHW051305050726

47595CB00008B/3420